Lebensfreude finden

Es lässt sich zeigen, dass das Glück für den Menschen in der Liebe zum Leben liegt.
—Erich Fromm

Mehr Lebensfreude wünschen sich viele. Lange dachte ich, dass es typbedingt sei, wie viel Freude man spürt. Die einen freuen sich eben mehr, die anderen weniger. Und ich gehöre wohl zu denen, die das Leben mehr genießen als andere.

Dann entdeckte ich, dass es nicht nur mit Veranlagung, sondern auch mit Denkmustern und Haltungen zu tun hat. Manche Menschen sind von vielen Dingen so belastet, dass in ihrem Leben wenig Raum für Lebensfreude und Genuss bleibt. Sie leiden darunter, aber haben nie gelernt, wie sie den Raum für Lebensfreude schaffen und zu mehr Freude finden können.

Weil ich das bedauere, habe ich mich entschieden, meinen eigenen Geheimnissen auf die Spur zu kommen. Ich habe mich gefragt: Was führt dazu, dass ich mein Leben meistens genieße? Welche Haltungen verstärken meine Lebensfreude? Was mache ich unbewusst richtig – so dass ich als Ergebnis Glück und Zufriedenheit erlebe?

Freude kann man nicht direkt beeinflussen. Jeder hat schon mal erlebt, dass jemand sagte: »Mensch, freu dich doch!« Aber man war nicht in der Lage, Freude zu empfinden. Freude ist nicht »machbar«. Sie ist das Ergebnis davon, dass unsere tiefsten Bedürfnisse erfüllt sind. Bleiben wesentliche Bedürfnisse, z.B. nach Nähe, Sicherheit und Versorgung, unerfüllt, sind wir ängstlich, sorgenvoll und einsam. Werden hingegen unsere Bedürfnisse nach Freiheit, Nähe, Verbundenheit und Abenteuer erfüllt, spüren wir Freude.

Wir können Freude nicht machen, aber wir können sehr wohl dafür sorgen, dass sich unsere Chance erhöht, Freude zu empfinden. Wir können unseren zentralen Bedürfnissen nachspüren und Wege finden, wie wir sie erfüllen können. Wir können lernen, den Raum zu schaffen und frei zu halten, den die Freude braucht, um sich bei uns niederzulassen. Wir können der Freude eine Landebahn in unserem Leben bauen.

Im ersten Teil dieses Quadros geht es um »Freudenkiller«. Hier entdeckst du, was dir Freude raubt. Du erfährst, welche Einstellungen und Denkmuster Freude schon im Keim ersticken. Aber du lernst auch, wie du Raum für Freude schaffen kannst.
In Teil 2 geht es um dich in deiner Einzigartigkeit. Was bereitet dir Freude? Was stärkt deine innere Zufriedenheit? Wann erlebst du besonders viel Glück? Was macht dich aus? Hier kannst du deine persönlichen Lebensfreude-Parameter entdecken.
Teil 3 gibt dir Impulse, was du konkret tun kannst, um mehr Freude zu erleben. Er führt in die wichtigsten Freuden-Spender ein.
Schließlich lädt Teil 4 dich ein, selbst Erlebnisse und Abenteuer zu gestalten. Denn auf dem Sofa erlebt man – in Büchern oder beim Fernsehen – höchstens die Abenteuer anderer. Tiefes Glück kannst du nur dann erleben, wenn du deine eigenen Abenteuer gestaltest.

Dieses Quadro ist angelehnt an das von mir entwickelte Swing-Konzept. Es besagt, dass man für ein ausgewogenes Leben acht grundsätzliche Lebenselemente braucht. Lebensfreude ist eines davon. Daneben sind für ein gelingendes Leben auch andere Aspekte wichtig – z.B. Ruhe und Kreativität.
Aber da man nicht an allen Baustellen gleichzeitig arbeiten kann und sollte, freue ich mich, dass du hier beginnst.
Ich wünsche dir viel Freude beim Entdecken der Dinge, die zu deiner Lebensfreude beitragen können. Und dann natürlich beim Leben. Deine

Kerstin Hack

—*Kerstin Hack*

■ PS: Als Coach unterstütze ich – live vor Ort in Berlin oder am Telefon – Menschen bei ihrem Weg zu einem besseren Leben. Infos unter: **www.kerstinhack.de**

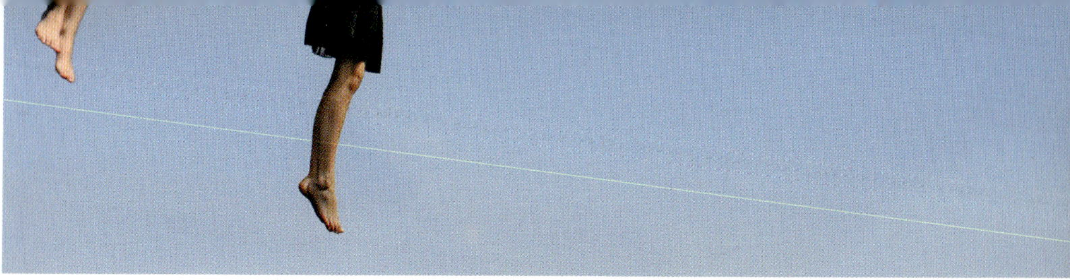

Tipps zur Anwendung

- Dieses Quadro ist in 28 Kapitel aufgeteilt. Du kannst vier Wochen lang täglich einen Abschnitt lesen und umsetzen. Wenn dich ein Kapitel besonders anspricht, dann lies es ruhig mehrfach.
- Die Texte können fortlaufend oder auch einzeln gelesen werden. Fang ruhig mit dem Thema an, das dich am meisten interessiert.
- Am Ende jedes Abschnittes findest du Fragen. Nimm dir Zeit, darüber nachzudenken und sie ehrlich zu beantworten. Ich empfehle, die Fragen schriftlich zu beantworten. Was schriftlich ist, wird konkret. Mach dir auch Notizen dazu, wie du die Handlungsimpulse umsetzen möchtest.
- Du kannst für Notizen ein einfaches Notizbuch verwenden oder *Mein Quadro*, das wir speziell für die Quadro-Serie entwickelt haben.
- Wer passiv konsumiert, bleibt passiv. Frage dich nach jedem Lesen: Wenn ich den wichtigsten Impuls weitergeben wollte, was würde ich anderen erzählen?
- Nimm dir einige Minuten Zeit, mit Gott oder Menschen über das Gelesene zu reden, um es zu vertiefen.
- Lies das ganze Quadro gemeinsam mit deinem Partner, Freunden, einer Gruppe und sprecht darüber. Ihr werdet feststellen, dass ihr euch gegenseitig unterstützen, inspirieren, Rat geben und helfen könnt. Sicher kommt ihr noch auf viele weitere Ideen, wie ihr Lebensfreude stärken könnt.
- Bleib gelassen, Änderungen geschehen nicht von heute auf morgen. Erlaube dir selbst, in deinem Tempo zu lernen, wie du mehr Raum für Lebensfreude schaffen kannst.
- Mach eine Liste der Bereiche, in denen Lebensfreude bei dir eher zu kurz kommt. Überlege dir, welche ein bis drei Bereiche du stärker ausbauen möchtest, um mehr Freude zu erleben. Du kannst diese Bewertung mehrmals im Jahr wiederholen, um zu beobachten, was du in deinem Leben verändert hast.

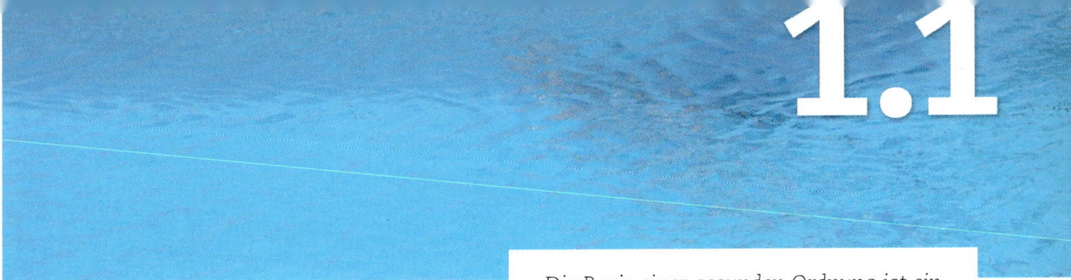

Freiraum

Die Basis einer gesunden Ordnung ist ein großer Papierkorb.

—Kurt Tucholsky

Wer Lebensfreude erleben will, braucht Platz und Freiraum. Innerlich und äußerlich. Wenn Herz und Leben überfüllt sind, hat die Seele nur wenig Platz und Raum, um Freude zu erleben. Alles, was in unserem Leben herumliegt, kostet uns Kraft. Das ist selbst dann der Fall, wenn wir die Papierstapel, Kleiderberge und Krimskrams-Ecken gar nicht mehr bewusst wahrnehmen. Denn sie signalisieren: »Hier ist etwas nicht in Ordnung. Du solltest dich darum kümmern.« Das nimmt die innere Freiheit, die man braucht, um das Leben zu genießen.

Ausmisten befreit. Deshalb empfiehlt sich eine Radikalkur. Überlege dir:

- Was will ich ordnen?
- Wovon will ich mich trennen?

Das gilt sowohl für Gegenstände als auch für innere Anklagen. Für Dinge, die man anderen Menschen immer noch nachträgt. Auch hier kann man ent-sorgen. Wer etwas ent-sorgt hat, ist einige Sorgen los und gewinnt Freiraum für Freude.

Meine Empfehlung: Fange gleich damit an! Auch wenn du nur 5 Minuten Zeit hast, kannst du eine kleine Ecke ordnen. Hat sich in deiner Umgebung so viel angesammelt, dass du es nicht auf einmal entsorgen kannst, dann mache einen Plan. Überlege dir, wann und wie du die einzelnen Bereiche angehen willst.

Bei inneren Entsorgungsprozessen kann es hilfreich sein, alles zu notieren, was dich belastet und was du anderen nachträgst. Und es dann eins nach dem anderen zu vergeben und loszulassen.

Denk mal

Was in deinem Leben oder deiner Umgebung belastet dich am meisten? Wie kannst du es ent-sorgen?

Mach mal

Was du heute kannst entsorgen …
Beginne gleich damit, etwas loszulassen, aufzuräumen oder zu entrümpeln.

1.2

Beziehungen

> *Es empfiehlt sich, nicht möglichst viele Freunde zu erwerben, sondern nur so viele, als zum gemeinsamen Leben genügen. Es ist nicht möglich, mit vielen innig befreundet zu sein.*
>
> *—Aristoteles*

■ Ein Klick und »Ihr seid jetzt Freunde.« Facebook, Twitter, Beruf und Ehrenamt sorgen dafür, dass wir unendlich viele Freunde haben. Mehr als die meisten von uns verkraften können. Denn mit jeder – noch so dünnen – Bindung an einen Menschen sind auch Erwartungen verbunden. »Du solltest dich doch wenigstens am Geburtstag mal melden.« Oder: »Wir haben uns schon so lange nicht gesehen.« Sozialstress pur.

Wenn man dann auch noch auf den Gedanken kommt, man sollte alle Freunde gleich behandeln, ist der emotionale Burnout vorprogrammiert. Beziehungen, die zur Freude beitragen und das Leben bereichern sollen, werden zur Last.

Manchen Menschen fühlt man sich verpflichtet, weil sie einem in der Vergangenheit beigestanden haben. Man denkt, man müsse das ausgleichen. Muss man aber nicht. Es war so geführt, dass dieser Mensch in einer Notsituation da war. Das war ein Geschenk des Lebens. Du musst es nicht ausgleichen.

Das Leben wird diesen Menschen auch beschenken. Vielleicht durch dich. Oder durch andere. Um sich aus dem Beziehungsgewirr zu befreien, hilft nur radikale Ungleichheit. Manche Menschen sind einem lieber und wichtiger als andere. Das ist okay. Wenn dich mit einem Menschen nichts als Pflichtgefühl verbindet, dann löse dich besser von dieser Person. Wenn du mutig bist, teile es dem Menschen freundlich mit: »Ich möchte den Kontakt nicht weiter pflegen«.

■ **Denk mal**

Mit welchen Menschen verbringst du nur aus Pflichtgefühl Zeit, obwohl dir die Beziehung nichts bedeutet?

■ **Mach mal**

Male auf einem Blatt Papier deine Beziehungen auf. Wer ist dir wie nahe und wie wichtig? Mit wem bist du besonders gerne zusammen?

Glaubenssätze

Achte auf deine Gedanken,
sie sind der Anfang deiner Taten.
—Chinesisches Sprichwort

Wir alle haben Sätze in uns, die uns die Freude rauben und uns daran hindern, das Leben zu genießen. Sätze wie »Erst die Arbeit, dann das Vergnügen.« oder »Müßiggang ist aller Laster Anfang.« oder »Ich werde nie mit der Arbeit fertig.« oder »Wenn ich mich nicht darum kümmere, bleibt alles liegen.«
Scheinbar gibt es ja auch genug Beweise dafür, dass diese Sätze stimmen. Es scheint wahr zu sein, dass nichts getan wird und die Katastrophe ausbricht, wenn wir die Arbeit nicht tun. Oder dass wir nie fertig werden. Oder dass uns nie etwas gelingt.
Es kann hilfreich sein, solche Glaubenssätze oder inneren Überzeugungen, die dir Lebensfreude rauben, kritisch zu betrachten.

Glaubenssätze lösen
Folgendes Vorgehen hat sich bewährt:

1. Trenne den Satz von den scheinbaren Beweisen und betrachte ihn isoliert.
2. Frage dich: Warum ist diese Überzeugung unter Umständen abwegig?
3. War derjenige, der mir das beigebracht hat, ein froher und glücklicher Mensch?
4. Was wird es mich emotional, geistlich, gesundheitlich oder finanziell kosten, wenn ich diesen Satz nicht aufgebe?
5. Was wird es meine Familie oder Freunde kosten, wenn ich diesen Satz nicht aufgebe?
6. Wie verbessert sich mein Leben, wenn ich diese Überzeugung ändere?
7. Was könnte ich stattdessen denken?
8. Was verändert sich dadurch?

Denk mal
Welche inneren Sätze hindern dich besonders daran, das Leben zu genießen?

Mach mal
Probiere die vorgeschlagene Vorgehensweise einmal aus. Es kann hilfreich sein, wenn ein Freund dir die Fragen stellt.

1.4

Perfektionismus

Wer alles perfekt haben und stets perfekt sein will, wird perfekt unglücklich.
—Walter Ludin

Der Wissenschaftler *Vilfredo Pareto* hat festgestellt, dass man mit 20% des Aufwandes 80% des Ergebnisses erzielt. In 20% der Zeit kann man einen Text ziemlich gut schreiben. Die restlichen 80% der Zeit braucht man, um alles perfekt zu machen. In 20% der Zeit ist 80% der Wohnung ziemlich gut geputzt. Die restlichen 80% braucht man, um alle kleinen Ecken auch noch perfekt zu reinigen.

Wer alles perfekt haben will, wird damit nie erfolgreich sein. Perfektion ist nicht erreichbar. Selbst die schönsten Pflanzen und Menschen sind nicht perfekt. Der beste Text könnte noch einen Hauch besser sein. Und natürlich könnte man in der Wohnung auch noch einige Ecken mit Zahnbürste und Mikrofasertuch reinigen. Perfektion ist unerreichbar. Perfektionismus ist ein Sklaventreiber, der zu diesem ohnehin nicht erreichbaren Ziel treibt. Er bestimmt – nicht mehr man selbst. Wer Freiraum für mehr Lebensfreude gewinnen will, legt am besten die Standards selbst fest. Wie gut will ich das machen? Sollte es nahezu »perfekt« sein oder reicht mir »gut genug«? Wer bei Tätigkeiten, die nicht so wichtig sind, auf Perfektion verzichtet und sich mit 80% Ergebnis zufrieden gibt, gewinnt Zeit für das Wesentliche. In den allermeisten Fällen werden andere den Unterschied nicht einmal bemerken. Und: In einigen wichtigen Bereichen kannst du durchaus »perfekt« sein – wenn du willst und es sich lohnt.

Denk mal

Bei welchen Aufgaben tappst du besonders leicht in die Perfektionismusfalle?

Mach mal

Führe etwas, das du normalerweise »perfekt« machst, nur ziemlich gut aus. Beobachte, ob anderen der Unterschied überhaupt auffällt.

1.5

Ent-Sorgen

> *Im Laufe meines Lebens habe ich zwei Dinge erkannt: Es gibt einen Gott. Und ich bin es nicht.*
>
> *—Jim Henderson*

Viele Menschen verbringen sehr viel Zeit damit, über Dinge nachzudenken, die sie nicht beeinflussen können. Sie denken über das nach, was sie in der Vergangenheit (nicht) gemacht haben und grübeln: »Ach hätte ich doch (nicht) ...« Oder sie fragen sich sorgenvoll, was die Zukunft bringt.

Diese Art zu denken ist weit verbreitet. Dennoch hat sie zwei große Nachteile: Über Dinge nachzudenken, die man nicht beeinflussen kann, bringt nichts. Man kann nicht rückwirkend beeinflussen, was gewesen ist. Und man kann für die Zukunft nicht sagen, was wird. Erst die Zukunft wird zeigen, was geworden ist.

Aus der Grübelfalle kannst du dich auf zwei Wegen befreien:

1. Überlege, ob du die Situation, die dich besorgt, (noch) beeinflussen kannst. Wenn nicht, dann entscheide: Über Dinge, die ich nicht (mehr) beeinflussen kann, denke ich nicht (weiter) nach. Die lasse ich los.
2. Gelingt das nicht, dann kannst du weiter überlegen: Was brauche ich jetzt? Das kann in Bezug auf die Vergangenheit Entlastung oder (Selbst-)Vergebung sein. Oder im Blick auf die Zukunft die Frage, was dir Sicherheit und Stärke geben würde.

Wer sich auf das konzentriert, was er tatsächlich beeinflussen kann, gewinnt Freiraum. Er kann sich auf die wesentlichen Dinge konzentrieren. Es ist entspannend, zu wissen, dass nicht alles an uns hängt.

Denk mal

Welche Dinge bereiten dir Sorgen? Was brauchst du, um Gelassenheit zu gewinnen?

Mach mal

Sortiere bei Dingen, die dich beschäftigen, klar: Kann ich das beeinflussen? Wenn ja, dann überlege wie. Wenn nein, dann lass es los.

1.6

Ungeliebte Arbeiten

Suche dir eine Arbeit, die du liebst, und du wirst nicht einen Tag arbeiten müssen.
—Konfuzius

Zwei meiner Freunde heißen *Mr. President* – benannt nach einem amerikanischen Präsidenten, der angeblich im Haushalt hilft – und *Michelle* – nach seiner Frau. Es handelt sich dabei um einen Roboter-Staubsauger, den ich im Internet günstig ersteigert habe, und um eine Spülmaschine. Beide nehmen mir viel Arbeit ab. *Mr. President* muss ich nur in einen Raum stellen und auf Start drücken, dann legt er selbständig los. Herrlich. Und *Michelle* spült – sogar mit Öko-Funktion – Berge von Geschirr für mich.

Jeder hat Aufgaben, die er nicht gern macht. Aber häufig denken wir, dass wir sie nun mal machen müssen. Wer sagt das? Wer verbietet uns, manche ungeliebten Dinge einfach nicht mehr zu tun? Oder kreative Wege zu finden, wie man Aufgaben delegieren oder effektiver lösen kann?

Als Selbständige überlege ich oft: Kann das jemand anderes besser als ich? Kann ich in der frei werdenden Zeit Dinge tun, die ich besser kann? Diese Möglichkeit hat nicht jeder. Aber man kann zumindest überlegen, ob man sich mal den Luxus gönnt, sich die Fenster putzen zu lassen oder einen Änderungsschneider in Anspruch zu nehmen.

Wenn das Budget knapp ist, kann man mit Freunden überlegen, ob man ungeliebte Arbeiten einfach tauscht. Der eine repariert vielleicht gerne Fahrräder und der andere kennt sich mit Steuererklärungen aus. Oder man macht Dinge zusammen. Gemeinsam putzen ist halb so schlimm wie alleine. Mal ist der eine dran, mal der andere.

Denk mal

Welche ungeliebten Arbeiten würdest du besonders gerne loswerden?

Mach mal

Lass dir für mindestens fünf ungeliebte große oder kleine Tätigkeiten Lösungen einfallen.

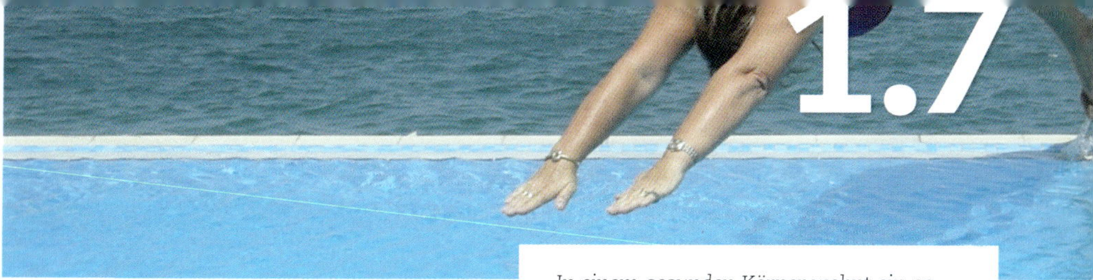

1.7 Energie

In einem gesunden Körper wohnt ein gesunder Geist. [Mens sana in corpore sano.]
—Decimus Iunius Juvenal

Gerade komme ich vom Sport. Bewegung ist eigentlich nicht so mein Ding. In meiner Familie galt ich als »Widerstandskämpferin gegen den Sport«, weil ich lieber in der Sonne lag und las, als auf einem Tennisplatz oder im Wald herumzurennen. Das ist bis heute so geblieben. So richtig viel kann ich sportlicher Betätigung – mal abgesehen von Radfahren, Skifahren und Klettern – nicht abgewinnen. Dennoch sorge ich regelmäßig für Bewegung. Mein Leben und meine Emotionen sind mir das wert.

Ich weiß, dass ich nur dann leistungsfähig bin, wenn ich auch körperlich fit und stark bin. Aber auch Emotionen hängen von körperlicher Fitness ab. Jeder kennt das: Wenn man schlaff und müde ist, können einen die schönsten Dinge nicht mehr begeistern. Man schleppt sich mühsam durch eine Ausstellung, über die man in energiegeladenem Zustand begeistert wäre. Und selbst der Partner, mit dem man gern zusammen ist, kann einem kaum mehr als ein müdes Lächeln entlocken. Seele und Körper hängen zusammen. Energiereserven aufzufüllen ist deshalb eine Vorraussetzung dafür, wieder mehr Freude zu spüren. Man kann auftanken, indem man sich erholt und zur Ruhe kommt.

Doch wer immer nur ruht, wird nie fit. Deshalb empfiehlt es sich, auch Wege zu suchen, wie man aktiv Energie gewinnen kann. Welche Tätigkeiten und Lebensmittel belasten deinen Körper? Wie könntest du sie einschränken? Was entspannt deinen Körper und macht ihn stark?

Denk mal

Wie könntest du weniger von dem tun, was dir Energie raubt, und wie kannst du mehr Stärke gewinnen?

Mach mal

Nimm dir ein paar Minuten Zeit, um dich ausgiebig zu dehnen, zu strecken und einige Muskelpartien zu kräftigen (z. B. Kniebeugen oder Liegestütze).

Augen auf

Wir haben verlernt, die Augen auf etwas ruhen zu lassen; deshalb erkennen wir so wenig.

—Jean Giono

Wir sind umgeben von Schönheit. Oft sehen wir sie nur nicht, weil wir achtlos vorüberhuschen. Wir rennen vorbei an Löwenzahnblüten, lachenden Kindern mit Zahnlücken, älteren Damen mit wunderbar verrunzelten Händen, die die Geschichte eines ganzen Lebens widerspiegeln. Wir nehmen nicht wahr, dass uns anregende Gerüche, interessante Formen und faszinierende Gegenstände umgeben. Wissenschaftler haben herausgefunden: Wenn wir etwas ausführlich – wenigstens 20 Sekunden lang – betrachten, werden Glückshormone ausgeschüttet. Das steigert sofort die Lebensfreude.
Und nicht nur das. Wenn man sich tagsüber Zeit nimmt, etwas richtig zu betrachten, hat man am Abend und an späteren Tagen Erinnerungen, auf die man zurückgreifen kann. Zu Frühlingsbeginn habe ich mir die Zeit genommen, einen großen Schmetterling so lange intensiv zu betrachten, bis er von selbst wegflatterte. Das Bild habe ich immer noch vor Augen.

Du kannst natürlich nicht nur mit den Augen »sehen«, sondern auch mit allen anderen Sinnen: Du kannst etwas ganz bewusst hören, ertasten oder schmecken. Die Wirkung wird verstärkt, wenn du nach dem intensiven Betrachten bewusst entscheidest: Dieses Bild oder diese Erfahrung will ich im Gedächtnis behalten. Und dich am Ende des Tages oder der Woche noch einmal daran erinnerst.

Denk mal

Welche schönen Bilder hast du innerlich vor Augen? Wie hast du diese Bilder »gesammelt«?

Mach mal

Nimm dir heute mehrfach Zeit, etwas zu betrachten oder zu berühren. Lass es tief auf dich wirken und genieße das Gefühl, das es auslöst.

2.2 Achtsamkeit

Wer noch staunen kann, wird auf Schritt und Tritt beschenkt.
—Oskar Kokoschka

Die Welt ist voller Wunder. Ein Schmetterling auf einer Blüte. Die Gestalt eines Blattes oder die vielen Samen auf einer Pusteblume. Ein schönes Kunstwerk oder beeindruckende Architektur. Die Glätte einer Oberfläche. Die erstaunliche Klarheit von Glas. Wir sind umgeben von Wundern, die uns ins Staunen bringen könnten – wenn wir sie wahrnehmen würden.
Doch wir meinen oft, die erstaunlichen Dinge alle schon zu kennen. Wir sind enttäuscht, wenn das *Taj Mahal* vor smoggrauem Himmel nicht so wunderbar wirkt wie auf Hochglanzprospekten. Oder frustriert, wenn der *Eiffelturm* in der Realität nicht so beeindruckend aussieht wie auf den Bildern von Starfotografen.
Kinder haben das Staunen noch nicht verlernt. Selbst in einen rostigen Blechtopf können sie sich intensiv vertiefen. Sie bestaunen ihn, als sei er eines der sieben Weltwunder. Sie erleben automatisch, wofür wir uns bewusst entscheiden können: Etwas (wie) zum ersten Mal zu sehen.

Staunen kann der, der etwas so wahrnimmt, als hätte er es bisher noch nie gesehen. Diese Haltung kann man bewusst einnehmen. Man kann über alles staunen: die Häuser auf dem Heimweg von der Arbeit, das Gesicht eines vertrauten Freundes, die eigenen Fingernägel ...
Wer öfter etwas wie ein Kind betrachtet, als hätte er es noch nie gesehen, erhöht seine Chancen extrem, häufiger tiefe Lebensfreude zu erleben. Also: Staune mal wieder.

Denk mal
Worüber und wann kannst du am meisten staunen? Was hilft dir, eine Haltung des Staunens zu entwickeln?

Mach mal
Betrachte heute etwas, das dir vertraut ist, als hättest du es noch nie gesehen. Gewöhne dir an, das öfter zu tun.

2.3

Konzentration

Ein Durchschnittsmensch, der sich auf den wirkungsvollsten Punkt konzentriert, wird erfolgreicher sein als ein Genie, das sich verzettelt.
—Wolfgang Mewes

Kinder haben einen untrüglichen Sinn dafür, ob ein Mensch sich ihnen echt zuwendet oder nur so tut, als hätte er Interesse an ihnen. Von Jesus wird berichtet, dass er sich Kindern voll und ganz zuwendete. So intensiv, dass die Erwachsenen neidisch wurden und sagten, er solle sich doch um wichtigere Dinge kümmern. Für ihn war die Begegnung aber zu diesem Zeitpunkt das Wichtigste. Er schaltete sein Handy aus (bzw. brachte die kritischen Stimmen um sich herum zum Schweigen), kümmerte sich auch nicht darum, dass er anderen Menschen helfen, sie heilen und retten musste. Er war ganz für die Kinder da.
In unserer Zeit, in der die Fähigkeit zum Multitasking als Vorraussetzung für effektives Arbeiten und Leben gilt, scheint Konzentration auf nur eine einzige Sache oder Person Verschwendung von Zeit und Energie zu sein. Warum nur eine Sache tun, wenn man doch gleichzeitig telefonieren und im Internet surfen oder Kaffee trinken und arbeiten kann? Wissenschaftler entdeckten, dass es viel mehr Energie kostet, wenn man mehrere Dinge gleichzeitig tut, als wenn man sich auf eine einzige Sache konzentriert. Alles, was zuviel Energie kostet, schmälert die Freude. Wer erst eine Sache mit voller Konzentration erledigt und dann die nächste, ist effektiver als jemand, der beides gleichzeitig versucht. Wissenschaftler haben auch festgestellt, dass man bei Aufgaben, auf die man sich konzentriert, die tiefsten Glückserlebnisse hat. Egal ob das Wäsche sortieren oder Listen tippen ist.

Denk mal

Wo bist du besonders von Multitasking bedroht? Was würde dir helfen, dich auf eine Sache zu konzentrieren?

Mach mal

Spiele oder sprich heute mit einem Kind. Schenke ihm deine volle Aufmerksamkeit.

2.4

Freiheit

Du musst im Leben gar nichts. Nur eines Tages sterben. Bis dahin kannst du dich immer entscheiden.

—Kerstin Hack

Der beste Weg, sich die Lebensfreude zu verderben, ist zu denken: »Ich muss.« Bei einem Seminar sagte ich den Teilnehmern den oben zitierten Satz. »Du musst gar nichts!« Es entspann sich eine intensive Diskussion. »Aber ich muss doch einkaufen!« »Wer sagt das? Du hast die Freiheit zu überlegen: Will ich mit den Resten aus dem Kühlschrank klarkommen? Oder möchte ich lieber frische Lebensmittel einkaufen?« Wenn du dir klarmachst, was du lieber willst, dann handelst du freiwillig, nicht gezwungen. Es geht darum – im Rahmen bestehender Möglichkeiten – zu entscheiden. Was will ich lieber? Wenn ich das eine lieber will als das andere, dann bin ich nicht gezwungen, sondern frei.
Ein inneres »Muss« kann einem jede Freude verderben. Wer denkt, er muss, verliert sogar den Spaß an Dingen, die er im Grunde gern tut. Eigentlich genieße ich es zu schreiben. Aber wenn ich denke: »Ich muss jetzt den Artikel schreiben«, macht es kaum noch Freude.

Ich habe mir deswegen angewöhnt, bei Dingen, die ich gerne tue, »Ich will« zu sagen: »Ich will den Artikel schreiben.« »Ich möchte den Brief beantworten.« Es gibt jedoch Tätigkeiten, bei denen mir ein echtes »Ich will« nicht leicht über die Lippen kommt: Buchführung, Steuererklärung oder Fahrrad putzen. Hier kann ich immerhin sagen: »Ich *werde* es machen.« Wenn ich so denke und spreche, bin ich nicht mehr Opfer der Umstände. Ich bin vielmehr diejenige, die entscheidet und dann handelt. Und das fühlt sich richtig gut, kraftvoll und frei an.

Denk mal

Bei welchen Tätigkeiten sagst du besonders oft »Ich muss«?

Mach mal

Ersetze jedes Mal »Ich muss« mit »Ich will«, wenn du dich dabei erwischst, »Ich muss« zu sagen oder zu denken.

Vorurteilsfrei

Die gefährlichste Weltanschauung ist die derjenigen Menschen, die die Welt nie angeschaut haben.
—Alexander von Humboldt

■ Meine Mutter war gegen Kriegsende noch ein kleines Mädchen. In ihrer Heimat herrschte große Angst davor, was geschehen würde, wenn die Russen einmarschierten. Die gefürchteten Russen kamen nie. Stattdessen kamen die Amerikaner und brachten Kaugummi und Schokolade mit. Was blieb, war die Angst vor »den Russen« und vor allem, was östlich der deutschen Grenze lag. Eine Angst, die sie an mich weitergab – durch Erzählungen, Gesten und in Form von Vorurteilen. Ohne es bewusst zu wollen, übernahm ich ihre Denkmuster.

Das führte dazu, dass ich – wegen des unguten Gefühls – noch nie in Polen war, obwohl es nicht weit von Berlin entfernt ist. Aber innerlich unendlich weit weg. Als ich mit einer Bekannten darüber sprach, stellten wir fest, dass wir beide die gleichen Ängste von unseren Müttern übernommen hatten. Das hatte erfolgreich verhindert, dass wir uns ein eigenes Bild machten. Die Vorurteile hatten uns blockiert. Sie hatten uns davon abgehalten, ein faszinierendes Land selbst zu entdecken. Doch das holten wir nach. Wir fuhren gemeinsam nach Polen und lernten an einem langen Wochenende das Land und seine Einwohner ein kleines bisschen kennen. Ich freue mich auf weitere Begegnungen.

Vorurteile verhindern Begegnung. Wenn du mehr Lebensfreude erleben möchtest, schau dir mal an, welche Vorurteile dich von Begegnung abhalten. Und überlege, wie du sie lösen kannst.

■ **Denk mal**

Welche Länder, Nahrungsmittel oder Bevölkerungsgruppen verursachen in dir ungute Gefühle?

■ **Mach mal**

Gehe heute auf einen Menschen aus einer vorurteilsbehafteten Gruppe zu. Oder probiere etwas aus, vor dem du bisher eher zurückgeschreckt bist.

Genießen

Essen ist ein Bedürfnis,
Genießen ist eine Kunst.
—François de La Rochefoucauld

In meiner Familie wurde meist Margarine aufs Brot geschmiert. Butter gab es nur zu besonderen Gelegenheiten. Als ich zu Beginn meines Studiums erstmals alleine lebte, war eine meiner ersten »Amtshandlungen«, mir Butter zu kaufen. Echte, cremige Butter, die auf Vollkornbrot einfach fantastisch schmeckt. Der Genuss hat sich bis heute nicht »abgenutzt«. Butter ist für mich etwas Besonderes geblieben, das ich nach wie vor sehr genieße.

Ob man etwas genießen kann, hat viel damit zu tun, ob man es als etwas Besonderes wahrnimmt. Das Wort »genießen« hatte im Deutschen ursprünglich nur die Bedeutung von »etwas nutzen«. Die Frage: »Hast du heute schon etwas genossen?« war früher gleichbedeutend mit der Frage, ob man schon gegessen hatte. Man kann sein weiches Bett, leckeren Kaffee oder feines Essen einfach nur nutzen – oder es als etwas Besonderes wahrnehmen und tief genießen.

Wenn man etwas zum x-ten Mal genossen hat, nimmt man das Besondere oft nicht mehr so intensiv wahr. Wenn du es tiefer genießen möchtest, hilft es, es wie zum ersten Mal wahrzunehmen. Das erste Mal ist immer etwas Besonderes. Etwas aufzunehmen, als würdest du es zum ersten Mal tun, steigert den Genuss. Du kannst bei alltäglichen Dingen daran denken, dass es das erste Mal an diesem Tag ist, dass du diese Sache erlebst. Die erste Dusche an diesem Tag, der erste Kaffee oder das erste Stück Brot mit Butter. Welch ein Genuss!

Denk mal
Was könnte dir helfen, Dinge öfter und tiefer zu genießen?

Mach mal
Probiere heute aus, Dinge wie zum ersten Mal (an diesem Tag) zu genießen, und beobachte, welchen Unterschied dies macht.

2.7 Hier und Jetzt

Denke immer daran, dass es nur eine wichtige Zeit gibt: Heute! Hier! Jetzt!
—Leo Tolstoi

»Was wird morgen werden?« »Wie schön (oder schlimm) war es gestern.« Viele Menschen sind gar nicht da. Statt ihr Leben in der Gegenwart zu leben, verbringen sie viel Zeit damit, über die Vergangenheit nachzudenken: Sie grübeln, ob sie dieses oder jenes nicht hätten besser machen können. Über etwas nachzudenken, auf das man keinerlei Einfluss hat, ist einer der effektivsten Wege, sich die Lebensfreude zu verderben. Dinge, die in der Vergangenheit liegen, kann man nicht mehr ändern. Was in der Zukunft liegt, kann man auch nur zum geringen Teil beeinflussen. Dennoch verbringen wir viel Zeit mit Nachsinnenüber das Gewesene und das, was vielleicht kommt.
Ein Weg, das Leben zu meistern, ist zu fragen: »Was brauche ich jetzt?« Wenn die Vergangenheit uns beschäftigt, weist das oft auf ein noch nicht gestilltes Bedürfnis hin. Vielleicht brauchst du noch Trost, Klärung oder Unterstützung. Wenn du fragst: »Was brauche ich jetzt?«, kannst du klar handeln.

Das gleiche gilt für die Zukunft. Wenn du dir Sorgen um die Zukunft machst, kannst du dich auch fragen: »Was brauche ich jetzt?« Vielleicht brauchst du die Zuversicht, dass du Künftiges gut bewältigen kannst. Oder Ideen, wie du es anpacken könntest. Wenn du die Frage »Was brauche ich jetzt?« beantwortet hast, kannst du weiter fragen: »Wie kann ich das, was ich brauche, bekommen, entwickeln oder erbitten?« Dann kannst du dein Leben im Hier und Jetzt gestalten.

Denk mal

Welche Fragen beschäftigen dich oft im Blick auf Vergangenheit oder Zukunft? Was brauchst du jetzt?

Mach mal

Übe es ein: Wann immer du dich beim Grübeln über Vergangenes oder Zukünftiges erwischst, frage dich: »Was brauche ich jetzt?«

3.1

Man kann nicht gleichzeitig das Leben erleben und darüber nachdenken, ohne dass einem der Wert des Erlebens und Denkens verloren geht.

—Leanne Payne

Tür auf

Das Glück wartet draußen vor der Tür. Es gibt nur wenige Menschen, die tiefes Glück und Lebensfreude ganz allein für sich auf dem Sofa erleben. Das Sofa oder auch die heimische Badewanne können ein gemütlicher Ort sein, an dem wir neue Kraft tanken. Doch tiefes Glück und wahre Freude erlebt man dort eher selten.

Das Glück finden wir meistens vor der Wohnungstür. Dort draußen warten Begegnungen, Abenteuer und neue Erfahrungen auf uns. Doch gerade in Zeiten, in denen wir uns überlastet und kraftlos fühlen, neigen wir dazu, uns zu verkriechen und das Leben an uns vorbeiziehen zu lassen. Eine Freundin erzählte mir, dass in einer beruflich herausfordernden Phase ihr Leben praktisch nur noch aus Arbeit und Ausruhen bestand. Sie wechselte zwischen Arbeit, Haushalt, Ausruhen. Arbeit, Haushalt, Ausruhen. Arbeit, Haushalt, Ausruhen.

In stressigen Phasen neigen wir dazu, Erleben, Begegnungen und Lebensfreude auf einen späteren Zeitpunkt zu verschieben. Wir denken, dass wir dann wieder mehr Energie haben. Ein Rezept für viel Glück und Freude ist das nicht. Genau das Gegenteil ist richtig: Gerade in Stresszeiten ist es wichtig, Dinge zu erleben, die Energie spenden. Das kann ein schöner Spaziergang sein, Sport, ein kulturelles Ereignis oder Begegnung mit Menschen, die einem wohltun. Auch wenn die Versuchung, dich ins Schneckenhaus zu verkriechen, gerade in solchen Zeiten sehr groß ist: Raff dich auf und gehe vor die Tür. Dort wartet das Leben darauf, dir zu begegnen.

Denk mal

Überlege: Wo hast du die letzten zehn sehr glücklichen Momente erlebt?

Mach mal

Gehe raus. Am besten gleich. Selbst wenn es nur für einige Minuten ist.

Mund auf

Musik wischt den Staub des Alltags von der Seele.

—Berthold Auerbach

■ Während ich diese Zeilen schreibe, singt sich Andrea Bocceli die Seele aus dem Leib. Ich liebe die Musik dieses leidenschaftlichen italienischen Tenors, der das Singen von den Vögeln gelernt hat. Manchmal singe ich mit. Ich kann außer »Mamma mia« und »Pizza« kein Italienisch und Singen ist auch nicht meine größte Stärke. Doch wenn ich die Musik auf volle Lautstärke drehe, so dass die Nachbarn meine Gesangseinlage nicht hören können, macht mir sogar Putzen ziemlich viel Spaß.

Wenn man glücklich ist, fängt man oft automatisch an zu singen. Verliebte trällern laufend vor sich hin oder pfeifen glücklich ihre Freude in die Welt hinaus. Doch es funktioniert auch umgekehrt: Wer singt, wird glücklicher. Dabei ist es egal, ob man eine meisterhafte Stimme hat oder nur ungeübter »Badewannen-Tenor« ist. Singen setzt Glückshormone für die Seele frei. Die machen uns fröhlich und beschwingt und geben Energie.

Mein Vater spielte früher Handball. Auf den Fahrten im Mannschaftsbus sang die ganze Mannschaft Volkslieder – und gewann so Energie für die vor ihnen liegenden Spiele.

Wenn du Energie und Freude brauchst, ist Singen eines der besten Dinge, die du für dich tun kannst. Du kannst entweder die Begleitstimme zu einer CD oder MP3 singen – oder Lieder, die du auswendig kannst. Wenn du Lieder mit Texten wählst, die dich ermutigen und stärken, wirst du noch mehr Gewinn davon haben. Aber auch unverständliche italienische Arien können die Seele in Schwingung versetzen.

■ **Denk mal**

Welche Musik belebt dich besonders?

■ **Mach mal**

Singe diese Woche jeden Tag wenigstens ein Lied.

Wer sprechen kann, kann singen.
Wer laufen kann, kann tanzen.
—Afrikanisches Sprichwort

Bewegungsraum erweitern

Wer nur Deutsch spricht, kann nur mit Menschen kommunizieren, die ebenfalls Deutsch können. Wer am PC nur Grundkenntnisse beherrscht, wird an vielen Stellen an seine Grenzen kommen. Grenzen sind Hinweise: »Hier kommst du (bisher) nicht weiter.« Unser Leben wird immer begrenzt bleiben. Doch wir können unsere bisherigen Grenzen durchaus erweitern und uns dadurch neue Möglichkeiten für Begegnungen, Erfahrungen und Lebensfreude eröffnen.

Es ist immer mühsam, etwas neu zu lernen, egal ob es sich um eine Sprache, die Einarbeitung in ein Programm oder neue Bewegungsabläufe handelt. Doch jede neu erworbene Fähigkeit erweitert die eigenen Möglichkeiten. Und das steigert die Lebensfreude. Das hat damit zu tun, dass jede Fähigkeit, die wir erwerben, unsere Freiheit vergrößert. Ein neugeborenes Baby hat nur wenige Freiheiten. Es ist abhängig davon, dass andere es füttern, kleiden, transportieren und versorgen. Wer nur eine oder wenige Möglichkeiten hat, eigene Bedürfnisse zu stillen, kann nicht wählen. Er erlebt eine Einschränkung seiner Freiheit. Wer hingegen über viele Möglichkeiten verfügt, kann in größerer Freiheit handeln.

Deshalb ist die Erweiterung der eigenen Fähigkeiten immer ein Zugewinn an Freiheit und Lebensfreude. Was du lernen willst, kannst du frei wählen: Kochen, Tanzen, Computerkenntnisse oder Kommunikation – die Welt steht dir offen.

Denk mal

Welche Fähigkeit würde dich weiterbringen? Wie kannst du sie entwickeln?

Mach mal

Probiere heute etwas Neues aus: ein Kochrezept, ein Computerprogramm, einen Bewegungsablauf oder … oder … oder …

Beweglichkeit

Mit der körperlichen Verwöhnung und Trägheit geht die geistige Trägheit Hand in Hand.

—Hermann Hesse

Lebensfreude erleben wir nicht nur im Kopf. Sie ist im ganzen Körper verankert. Wer sich in seinem Körper wohl fühlt, hat eine größere Chance, Freude zu erleben, als jemand, der träge und matt ist. Das hat mit der inneren Energie, aber auch mit Beweglichkeit zu tun. Ein weicher, durchlässiger, beweglicher Körper transportiert freudige Signale schneller als ein steifer, träger Körper. Und: Wer viel Balance übt, baut im Hirn Synapsen auf, die das Erfassen komplexer Zusammenhänge erleichtern.

Beweglichkeit kann man einüben. Je mehr verschiedene Bewegungsformen man kennt, desto leichter ist es auch, sich im Alltag locker zu bewegen. Als ich angefangen habe, Fahrrad zu fahren, war das ganz schön wackelig. Beim Skifahren war es genauso. Meiner Skilehrerin gelang es nicht sonderlich gut, uns das Bremsen beizubringen, so dass mein Bruder und ich immer die Biobremse verwendeten und am Ende des Skikurses mit durchweichten Kleidern nach Hause kamen.

Heute klappt das mit dem Bremsen ganz gut. Ich genieße den Bewegungsraum, den ich mir erobert habe. Mein Körper kann sich jetzt in Autos, auf Fahrrädern, Inline-Skates, Skiern und Schlittschuhen relativ mühelos fortbewegen. Ich genieße es. Die Seele und das Denken reagieren auf körperliche Leichtigkeit mit innerer Leichtigkeit. Deshalb lohnt es sich, den Körper so beweglich und durchlässig wie möglich zu halten. Schon ein paar Minuten Gymnastik im Alltag können viel bewegen.

Denk mal

Wo kommst du körperlich an die Grenzen deiner Beweglichkeit? Wie könntest du sie erweitern?

Mach mal

Mache täglich ein paar Übungen, die zu mehr Beweglichkeit führen. Wenn du keine kennst, besorge dir eine Anleitung.

Beitragen

Der wahre Lohn eines guten Werkes liegt stets in diesem selbst.
—Ägyptisches Sprichwort

Es ist wissenschaftlich erwiesen, dass Menschen, die zum Wohl anderer beitragen, glücklicher sind als solche, die sich nur um sich selbst kümmern. Das ist durchaus verständlich. Wer andere Menschen unterstützt, erlebt sich selbst als wirksam und stark. Zum Leben anderer beizutragen, ist ein tiefes Bedürfnis des Menschen. Wer erlebt, dass sein Handeln andere stärkt und ihnen hilft, erfährt tiefes Glück.

Manchmal sind wir etwas phantasielos, wenn es darum geht, was wir für andere tun können. Uns fallen immer nur die üblichen Dinge ein: für jemanden putzen, einer älteren Dame über die Straße helfen (Achtung: Nicht jede Dame will das) usw. Nicht alle »üblichen Hilfstätigkeiten« erleben wir als reizvoll. Am glücklichsten sind wir, wenn unsere größten Fähigkeiten auf die größten Bedürfnisse anderer Menschen treffen. So kann das Organisationstalent eines Menschen für einen sozialen Verein nützlicher sein, als wenn er Suppe für Bedürftige kocht.

Es lohnt sich deshalb, zu überlegen und zu spüren: Was tue ich gern? Welche besonderen Fähigkeiten habe ich? Wo werden meine Fähigkeiten besonders gebraucht?

In manchen Städten gibt es Freiwilligen-Agenturen, die einen bei der Suche nach dem passenden Platz für ehrenamtliches Engagement unterstützen. Doch auch ohne Organisation gibt es mitten im Alltag viele Gelegenheiten, anzupacken und zu helfen. Wenn du heute die Augen aufmachst, findest du bestimmt viele davon.

Denk mal

Auf welche Art und Weise unterstützt du andere Menschen besonders gern? Wie könntest du das mehr tun?

Mach mal

Tue heute drei Menschen etwas Gutes – ohne eine Gegenleistung dafür zu erwarten.

3.6 In Freiheit handeln

Wenn dich jemand nötigt, eine Meile mitzugehen, so geh mit ihm zwei.
—Jesus, Matthäusevangelium Kapitel 5, 41

Diese Aussage Jesu ist für mich einer der faszinierendsten Texte der Bibel. Zur römischen Zeit war es üblich, dass Soldaten Menschen zwingen konnten, mit ihnen zu laufen und ihr Gepäck zu schleppen. Man hatte scheinbar nur die Wahl, das mitzumachen oder sich auf eine Auseinandersetzung einzulassen – und dabei wohl immer den Kürzeren zu ziehen. Schließlich verfügten Soldaten über Schwerter und die sind bekanntlich meist stärker als Fäuste.

Jesus zeigt eine spannende dritte Alternative auf. Wenn dich jemand zwingt, dann beschenke ihn freiwillig. Dann bist du kein Opfer mehr, sondern Handelnder.

Solange man denkt, man müsse anderen zuliebe etwas tun oder man hätte keine Wahl, ist man nicht frei. Menschen beklagen oft, dass andere sie zu etwas genötigt oder gezwungen hätten. Dabei vergessen sie, dass sie diejenigen sind, die frei entscheiden können. Andere können versuchen, uns zu beeinflussen. Ob das gelingt, bestimmen wir selbst.

Viktor Frankl sagte, dass man sogar vor dem Erschießungskommando immer noch die Freiheit hat, wie man reagieren will. Man hat die Wahl, ob man mit Hass und Groll im Herzen stirbt oder die letzten Minuten seines Lebens mit guten Erinnerungen verbringt. Er sagte das nicht als Theoretiker, sondern als jemand, der selbst mehrere Jahre im KZ gelebt hatte. Er war überzeugt davon: Niemand kann dich zu etwas zwingen. Du kannst immer frei entscheiden, was du tun willst. Du bist immer frei, wenn du bereit bist, die Konsequenzen deiner Entscheidung zu tragen.

Denk mal

In welchen Situationen denkst du, andere würden dich zwingen? Was möchtest du hier selbst gerne tun oder geben?

Mach mal

Tue heute etwas freiwillig von dem du bisher gedacht hast, du müsstest es tun.

Weise ist der Mensch, der nicht den Dingen nachtrauert, die er nicht besitzt, sondern sich der Dinge erfreut, die er hat.
—Epiktet

Möglichkeiten entdecken

»Ich kann nicht musizieren, nicht gut tanzen, ich habe nicht das Geld, um mir eine tolle Reise zu gönnen. Ich bin nicht super-kontaktfreudig. Ich kann dieses und jenes nicht.«
Solche Klagen höre ich oft. Menschen erklären mir, dass sie glücklicher wären, wenn sie mehr Geld, mehr Talente, mehr Einfluss, mehr Möglichkeiten hätten. Ich glaube nicht, dass das stimmt. Kinder sind oft glücklicher als Erwachsene. Sie haben weniger Besitz, weniger ausgebaute Talente, weniger Möglichkeiten. Aber sie besitzen die Fähigkeit, das zu nutzen, was sie haben. Ein alter Joghurtbecher wird für sie zu einem unendlich vielfältigen Spielzeug. Sie entdecken ständig Möglichkeiten. Das macht sie glücklich.
Das Jammern über fehlende oder verlorene Möglichkeiten sorgt dafür, dass man nicht mehr sieht, welche Möglichkeiten man hat. Deine Stimme ist vielleicht nicht konzertreif, aber wer sagt, dass du nicht beim Duschen singen kannst? Du hast vielleicht nicht das Geld für einen Tauchurlaub am Roten Meer, aber wer hindert dich daran, in das bunte Leben in deiner Umgebung einzutauchen?
Es tut gut, über Möglichkeiten, die man nicht (mehr) hat, einmal bewusst zu trauern. Sich davon zu verabschieden und sich innerlich davon zu lösen. Dann kann man sich fröhlich wie ein Kind den vielen Möglichkeiten zuwenden, die einem bleiben. Und staunend das Leben und seine Vielfalt entdecken.

Denk mal
Über welche Möglichkeiten, die du (noch) hast, freust du dich besonders?

Mach mal
Schreibe für jede Möglichkeit, die dir derzeit verschlossen ist, zehn Möglichkeiten auf, die dir offen stehen.

4.1

Genussvoll arbeiten

Arbeit ist schwer, ist oft genug ein freudloses und mühseliges Stochern; aber nicht arbeiten – das ist die Hölle.
—Thomas Mann

■ Alles um sich herum vergessen – die Zeit, Sorgen, Verpflichtungen – und ganz bei der einen Sache sein. Der Glücksforscher mit dem fast unaussprechlichen Namen Mihaly Csikszentmihaly hat herausgefunden, dass Menschen besonders dann tiefes Glück empfinden, wenn sie ganz in einer Tätigkeit aufgehen. Das kann eine berufliche Aufgabe oder ein privates Hobby sein.

Dazu müssen zwei Voraussetzungen erfüllt sein: Die Tätigkeit sollte herausfordernd sein. Aber nicht überfordernd. Dann erlebt man das, was Csikszentmihaly als »Flow« bezeichnet: das zeitlose Aufgehen in einer Tätigkeit. Vor einer Weile habe ich an einem Tanzkurs teilgenommen, der weit jenseits meiner Fähigkeiten lag. Es war zwar lustig, doch Flow habe ich dabei nicht erlebt. Ich war vielmehr ständig überfordert. In einem anderen Tanzkurs machte ich angenehmere Erfahrungen. Ich fühlte mich sicher und lerne jede Woche dazu. Ich genieße es, auf der Basis von Bewegungen, bei denen ich mich sicher fühle, Neues auszuprobieren. Manchmal kann ich dabei die Zeit und die Welt um mich herum vergessen. Das ist eine schöne Erfahrung.

Eine Möglichkeit, mehr Lebensfreude zu erleben, ist immer wieder Raum für derartige Erfahrungen zu schaffen. Man kann das tun, indem man bewusst Tätigkeiten wählt, die etwas herausfordernd, aber nicht überfordernd sind. Flow ist nicht automatisch garantiert, aber die Chancen dafür erhöhen sich.

■ **Denk mal**

Bei welchen Tätigkeiten erlebst du häufig das Flow-Gefühl?

■ **Mach mal**

Nimm dir heute Zeit, etwas zu tun, was dich vielleicht in einen Flow-Zustand versetzen könnte.

Gemeinsam

Der Reichtum des Lebens besteht aus gemeinsamen Erinnerungen.
—Cesare Pavere

■ Eine Quelle für Glück und Lebensfreude sind Dinge, die man gemeinsam erlebt. Das können Urlaube sein, Ausflüge, Museumsbesuche. Geteilte Erlebnisse steigern die Freude auf zweifache Weise. Zum einen ist es oft intensiver und schöner, wenn man etwas gemeinsam erlebt. Es ist wunderbar, wenn man zu einem anderen sagen kann: »Schau mal!« – und der andere dann auch sieht, was man gerade selbst sieht.

Darüber hinaus verbindet es. Man teilt Erinnerungen. »Weißt du noch, wie wir zwei Stunden in der Schlange zur Ausstellung standen?« Oder »Weißt du noch, wie wir vor dem Gewitter geflüchtet sind?« Selbst Erlebnisse, die im Moment des Geschehens unangenehm waren, können im Nachhinein zu geliebten Erinnerungen werden.

Singles sind manchmal frustriert, weil sie keinen Partner haben, der »ständig« für gemeinsame Unternehmungen zur Verfügung steht. Und Menschen mit Partner beklagen sich darüber, dass er oder sie bestimmte Interessen nicht teilt. Vor lauter Frust über das, was nicht geht, verpassen sie die Möglichkeiten, die ihnen offen stehen.

Die Lösung: Kreativ werden. Mal überlegen, was man in der Vergangenheit gerne getan hat. Und was man gerne mal wieder tun würde. Anschließend im Kopf – oder noch besser auf Papier – die Menschen auflisten, die man kennt. Und überlegen, mit wem man das machen könnte. Oder neue Menschen kennen lernen.

■ **Denk mal**

Welche Sache, die du gern tust, hast du schon länger nicht mehr gemacht, weil du eine zweite Person dafür brauchst?

■ **Mach mal**

Mach eine Liste von Menschen, die du kennst, und eine andere von Dingen, die du gern tust. Dann überlege, mit wem du was tun könntest.

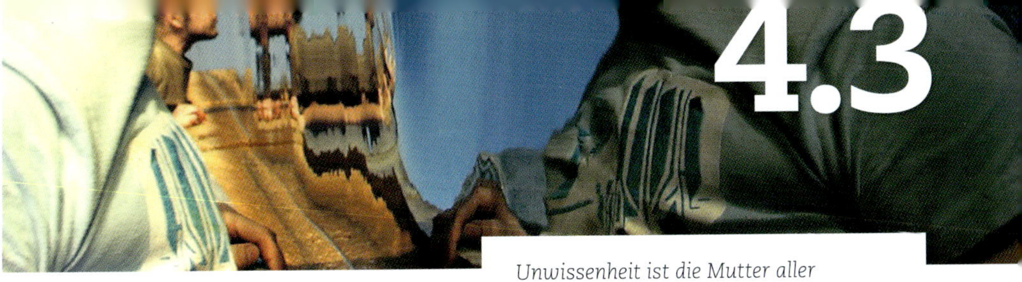

4.3

Abenteuer

Unwissenheit ist die Mutter aller Abenteuer.

—Hägar

Als Abenteuer wird laut Wikipedia eine risikoreiche Unternehmung oder auch ein Erlebnis bezeichnet, das sich (meistens) stark vom Alltag unterscheidet. Es beinhaltet das Verlassen des gewohnten Umfeldes und des sozialen Netzwerkes, um etwas (Riskantes) zu unternehmen, bei dem der Ausgang ungewiss ist.

Große Abenteuer wie Weltumseglungen, Expeditionen und Touren in unerforschtes Gelände erfordern ein gewisses Maß an Mut und Vorbereitung. Das ist nicht jedermanns Sache.

Doch fast jeder Mensch sehnt sich nach kleineren und größeren Abenteuern. Insbesondere wenn die größten Abenteuer im Leben darin bestehen, einem beruflichen Wettbewerber einen Kunden abzujagen oder einen abgestürzten Computer wieder zum Laufen zu bringen. Oder darin, einem einjährigen Kind sieben Mal am Tag die Windeln zu wechseln. Wer einen derartigen Alltag hat, sehnt sich nach Abwechslung.

Kleine Abenteuer sind jederzeit möglich. Du kannst dich in deiner Umgebung auf Entdeckungsreise begeben und dein näheres Umfeld erkunden. Oder an einem freien Tag zu einem Ort fahren, den du noch nicht kennst. Du kannst auch jemanden aus einer anderen Kultur bitten, dich zu einer Veranstaltung mitzunehmen, zu der du nicht allein gehen würdest. Oder einen Kurs belegen, um etwas zu lernen, das dich herausfordert. Du könntest auch einfach in einem Café wildfremde Menschen ansprechen und kennen lernen.

Denk mal

Was könnte das erste kleine Abenteuer sein, das du unternimmst? Wann?

Mach mal

Gehe oder fahre in einem beliebigen Ort von einer Straße, die mit A beginnt, zu einer, die mit Z beginnt. Entdecke unterwegs Neues.

4.4

Ideenliste

Genuss ist eine Frage der Phantasie.
—Markus M. Ronner

■ »Was sollen wir machen? Uns ist sooo langweilig.« Jeder, der Kinder hat oder kennt, hat das sicher schon einmal gehört. Aber seien wir einmal ehrlich. Als Erwachsene geht es uns doch manchmal genauso. Wir wissen nicht recht, was wir mit uns anfangen können. Statt rumzumaulen bleiben wir dann einfach am Computer hängen. Machen sinnlose Spiele, chatten oder basteln an irgendwelchen Sachen rum. Putzen Ecken, die es gar nicht nötig haben (okay, das ist mir noch nie passiert). Kurz: Aus lauter Langweile und Unwissenheit, was uns jetzt gut tun könnte, verbringen wir unsere Zeit mit Dingen, die uns nicht wirklich gut tun.
Ich habe das Problem, dass ich manchmal nicht weiß, was mir jetzt gut tun würde, folgendermaßen gelöst: Auf einem Stapel mit Karteikarten habe ich je eine Tätigkeit notiert, die ich wohltuend und schön finde. Das sind ganz unterschiedliche Dinge: ein paar Minuten Pause in der Sonne machen, Tanzen, ein schönes Buch betrachten. Oder ein Lied hören, singen oder einem Menschen einen handgeschriebenen Brief schreiben.
Es passiert zwar nur selten, dass ich nicht weiß, was ich tun kann oder möchte. Doch wenn es der Fall ist, habe ich meine Notfall-Liste. Ich ziehe wahllos eine Karte und mache dann, was darauf steht. Oder etwas anderes, wozu sie mich inspiriert. Man kann die Karten natürlich auch als Listen im Handy oder auf dem Computer speichern – so wie es eben ins eigene Leben passt.

■ **Denk mal**

Welche Tätigkeiten in der letzten Woche haben dir besonders viel Freude gemacht?

■ **Mach mal**

Fertige dir »Notfallkarten« an, auf denen Dinge stehen, die dir Freude machen. Schreibe mindestens 20, besser noch mehr Dinge auf.

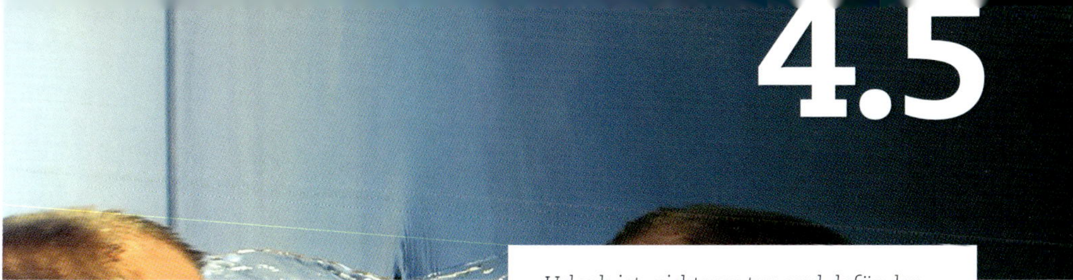

4.5

Urlaub im Alltag

Urlaub ist, nichts zu tun und dafür den ganzen Tag zur Verfügung zu haben.
—Autor unbekannt

»Der letzte Urlaub war sooo schön«, sagt man oft mit einem tiefen Seufzer. Dann wendet man sich wieder den Papierstapeln oder Geschirrbergen zu. Im Urlaub erleben wir häufig – nicht immer – viel Lebensfreude.

Das liegt daran, dass wir dort unbewusst vieles richtig machen: Wir lassen uns Zeit und hetzen uns nicht. Manchmal sitzen wir einfach nur da und starren ins Leere oder beobachten die Menschen, die an uns vorbei flanieren. Wir lassen uns auf Entdeckungsreisen und Unbekanntes ein. Meist nehmen wir im Urlaub die Dinge mit etwas mehr Gelassenheit. Statt über die Verspätung des Busses zu schimpfen, freuen wir uns, dass wir in der Sonne warten und das schöne Wetter genießen können. Wir lassen uns auf Begegnungen mit Menschen aus einer anderen Umgebung ein und probieren exotische Gerichte aus. Wir essen mit Genuss. Und verlieren – für eine begrenzte Zeit – unsere Aufgaben und Pflichten aus dem Blick. All diese Dinge tragen dazu bei, dass man das Leben genießt. Die gute Nachricht: Man kann dies nicht nur während arbeitsfreier Tage erleben. Es ist jeden Tag möglich, Urlaub in den Alltag einzubauen. Du musst nur entscheiden: Heute gönne ich mir ein bisschen Urlaub. Das muss nicht viel sein: ein Cappuccino im Straßencafé, der Blick in den Sternenhimmel von der Terrasse des Fitness-Studios, eine in Ruhe genossene Mahlzeit oder Entdeckungsreise in die Umgebung. Schon sind die Batterien wieder voller.

Denk mal

Was gibt dir das stärkste Urlaubsgefühl? Wie kannst du es ab und zu in den Alltag integrieren?

Mach mal

Gönne dir heute ein Stück Urlaub. Plane gleich, wie du es konkret und praktisch machen willst.

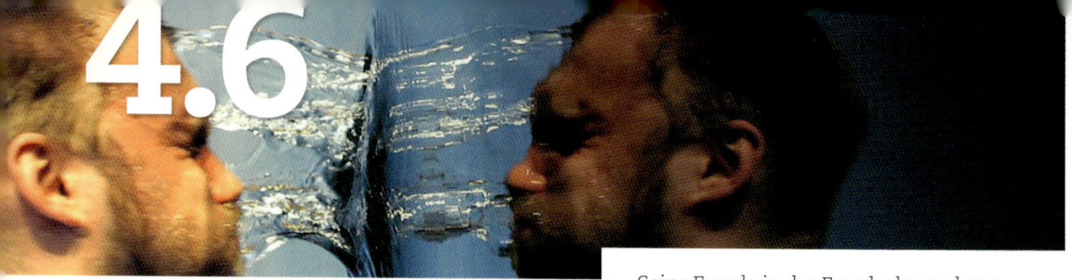

4.6 Freude auskosten

Seine Freude in der Freude des anderen finden ist das Geheimnis des Glücks.
—Georges Bernanos

Als ich einer Freundin von einem überraschenden beruflichen Erfolg berichtete, nahm sie sich die Zeit, die Freude mit mir tief auszukosten. Sie sagte nicht nur das übliche »Wie toll!« oder »Klasse!«. Vielmehr fragte sie intensiv nach: »Was genau beglückt dich da so sehr?« »Was daran begeistert dich?« »Was sagt dieser Erfolg über dich aus – und über das, was du geleistet hast?«

Mehr als 40 Minuten nahm sie sich die Zeit, mit meiner Freude mitzufühlen und sie durch ihre Fragen zu stärken und zu vertiefen. Mich hat das sehr berührt. Mitgefühl kenne ich eher aus traurigen Situationen. Da ist es glücklicherweise öfter der Fall, dass wir uns in den anderen einfühlen und mitfühlen. Und durch unsere Fragen und Anteilnahme zum Ausdruck bringen, dass uns seine Situation nahe geht.

Aber tiefes Mitfühlen mit Freude? Das hatte ich zumindest bis zu diesem Zeitpunkt noch nie in solcher Intensität erlebt. Aber es ist etwas, das ich lernen möchte.

Wenn Menschen mir von beglückenden Erfahrungen erzählen, möchte ich ihnen den Raum geben, die Freude zu vertiefen, indem ich nachfrage, was genau sie freut, begeistert und beglückt. Oder auch mal Vermutungen äußern: »Bist du so glücklich, weil dir wichtig ist, dass ...?«

Davon haben übrigens beide etwas: Nachdem die Freundin sich so intensiv mit mir gefreut hatte, war sie selbst beglückt: »Das, was ich von dir gehört habe, gibt mir ganz viel Hoffnung und Zuversicht.«

Denk mal

Wann hast du dich das letzte Mal intensiv mit jemandem gefreut? Wie hast du deine Freude gezeigt?

Mach mal

Wenn dir jemand etwas erzählt, was ihn freut, versuche, dich in ihn einzufühlen. Frage nach: »Was genau macht dich so glücklich?«

4.7

Feiern

Man kann Gott nicht allein mit Arbeit dienen, sondern auch mit Feiern und Ruhen.

—Martin Luther

Der Wunsch, besondere Ereignisse zu feiern, gehört ganz tief zum Menschsein. Feiern bedeutet, schöne, außergewöhnliche Dinge wahrzunehmen und sie zu würdigen. Es gibt große Anlässe für Feste wie etwa Weihnachten, Geburtstage und Hochzeiten.

Aber auch im Alltag kann man feiern. Es gibt täglich 1000 Gelegenheiten, das Leben zu feiern. Man kann feiern, dass man einen Text fertig geschrieben, etwas gekocht oder die Wäsche aufgehängt hat. Man kann feiern, dass die Sonne scheint oder dass der Körper weitgehend gesund ist. Man kann Begegnungen und Freundschaften ebenso feiern wie einen Abschluss oder Neubeginn. Feiern bedeutet nichts anderes, als einen kurzen oder längeren Moment das Alltägliche ruhen zu lassen und das Besondere zu genießen.

Das kann man allein durch seine innere Haltung tun: Du kannst feiern, wie weit du mit etwas gekommen bist, und dir die Zeit nehmen, dich darüber zu freuen. Oder du kannst dir etwas Besonderes gönnen. Nach Erledigung der Bügelwäsche vielleicht ein Stück edle Schokolade oder – etwas kalorienbewusster – eine leckere Tasse Tee. Bei größeren Anlässen zum Feiern kannst du entsprechend »dicker auftragen« und das Besondere ausgiebig feiern. Wenn du es lernst, die kleinen Besonderheiten im Alltag wahrzunehmen, sie zu würdigen und zu feiern, wird deine Lebensfreude garantiert zunehmen. Das wünsche ich dir von Herzen.

—Deine Kerstin Hack

Denk mal

Welche Anlässe zu feiern gab es in den letzten Tagen? Finde mindestens fünf große oder kleine Gründe zu feiern.

Mach mal

Du hast dieses Quadro fertig durchgelesen und dich – hoffentlich – davon inspirieren lassen. Das kannst du feiern!

Gesagt ist nicht gehört.
Gehört ist nicht verstanden.
Verstanden ist nicht einverstanden.
Einverstanden ist nicht angewandt.
Angewandt ist noch lange nicht behalten.
—Konrad Lorenz

Nicht vergessen

■ Diese Gedanken und Ideen sind mir wichtig geworden.
Das will ich keinesfalls vergessen!

■ In der nächsten Zeit will ich folgende Dinge konkret angehen.
Tipp: Beschreibe, was du tun willst, bis wann du es tun willst und was der erste, kleinstmögliche konkrete Schritt dazu ist.

■ So will ich mich belohnen, wenn ich meine Vorhaben umgesetzt habe.